옳을 수도 있고,
그를 수도 있지

Published 1992 by Prometheus Books

Maybe Right, Maybe Wrong: A Guide for Young Thinkers. Copyright©1992 by Dan Barker. All rights reserved. No part of this publication may be reproduced, stored in a retrieval system, or transmitted in any form or by any means, digital, electronic, mechanical, photocopying, recording, or otherwise, or conveyed via the Internet or a Web site without prior written permission of the publisher, except in the case of brief quotations embodied in critical articles and reviews.

Maybe Right, Maybe Wrong: A Guide for Young Thinkers
by Dan Barker
Illustrated by Brian Strassburg

Korean translation Copyright©2014 by Jisik Gonggan
Korean edition is published by arrangement with Prometheus Books through BC Agency, seoul

이 책의 한국어 판 저작권은 BC에이전시를 통한 저작권자와의 독점 계약으로 지식공간에 있습니다.
저작권법에 의해 한국 내에서 보호를 받는 저작물이므로 무단전재와 복제를 금합니다.

옳을 수도 있고, 그를 수도 있지

초판 1쇄 발행   2014년 03월 31일
초판 5쇄 발행   2023년 10월 30일

지은이 댄 바커
그린이 브라이언 스트라스버그
옮긴이 이 윤
펴낸이 김재현
펴낸곳 지식공간

출판등록 2009년 10월 14일 제300-2009-126호
주소 서울 은평구 역촌동 28-76 5층
전화 02-734-0981
팩스 0504-398-0934
메일 nagori2@gmail.com
홈페이지 www.jsgg.co.kr

ISBN 978-89-97142-25-5 73190

이 책은 저작권법에 따라 보호받는 저작물이므로 무단전재와 복제를 금지하며,
이 책 내용의 전부 또는 일부를 이용하려면 반드시 저작권자와 지식공간의 서면동의를 받아야 합니다.

> 이 도서의 국립중앙도서관 출판시도서목록(CIP)은 e-CIP홈페이지(http://www.nl.go.kr/ecip)와 국가자료공동목록시스템(http://www.nl.go.kr/kolisnet)에서 이용하실 수 있습니다.(CIP제어번호: CIP2014007574)

*잘못된 책은 구입하신 곳에서 바꾸어드립니다.

옳을 수도 있고, 그를 수도 있지

· 댄 바커 지음 이윤 옮김 ·

지식
공간

옮긴이의 말

"윤, 지금부터 아무도 모르게 수학문제 하나만 풀고 나와. 그러면 아이스크림 하나 주지."

"아이쿠! 오늘 아이스크림 먹기는 틀렸군요, 엄마."

"왜? 방에 들어가서 혼자 풀면 되잖아. 그러면 '아무도 모르게'가 되잖아? 빨리 풀고 나와."

"아이참! 엄마, 저도 알건 알아요. 저는 사람 아닌가요. 제가 보고 있잖아요. 작은 개미 한 마리도 아무도 모르게 죽일 수는 없어요."

"오, 울 딸 훌륭하구나! 그렇게 심오한 생각을 할 수 있다니! 여기 있다. 아이스크림."

"앞으로는 조금 더 심오한 요구를 하세요. 어마마마!"

"윤, 너는 살아가면서 이 원칙을 꼭 지켜야 한단다."

제가 초등학교 5학년, 더위가 추위를 느낄 만큼 시원한 바람이 솔솔 불어오는 여름밤에 엄마와 마주 앉아 나눈 이야기 중 하나입니다. 그때 그 아이스크림은 달콤하면서 쓰고, 시원하면서 뜨거웠습니다.

그때까지 저는 학교에서 규칙을 잘 지켜야 한다는 말은 셀 수 없이 많이 들었지만 원칙을 지키라는 말은 처음 들었기에 의문이 꼬리에 꼬리를 물고 이어졌습니다.

"원칙이라? 원칙이란 무엇일까? 그렇다면 규칙과 원칙의 차이는 무엇일까? 원칙과 규칙은 어떤 관계일까? 규칙과 원칙에는 어떤 것들이 있을까? 규칙과 원칙은 도대체 누가 왜 만드는가? 규칙과 원칙을 지키는 일은 왜 중요할까?"

이런 생각을 하다 저는 잠이 들었습니다. 그리고 이 책을 만나기 전까지 그날의 의문들은 까맣게 잊고 있었습니다. 「옳을 수도 있고, 그를 수도 있지(Maybe Right, Maybe Wrong)」를 읽다가 문득 그 여름밤의 이야기가 시원하고 뜨거웠던 아이스크림과 함께 떠올라 온 몸이 저렸습니다.

「옳을 수도 있고, 그를 수도 있지(Maybe Right, Maybe Wrong)」를 읽은 후 저는 규칙과 원칙이 어떻게 다른지, 그리고 둘 사이에는 어떤 관계가 있는지 명확히 알게 되었습니다. 우리는 아직 어리지만 규칙과 원칙의 차이와 관계를 알면 살아가는 동안 옳고 그름을 가리기 어려운 상황을 만났을 때, 이전보다 더 나은 판단, 더 옳은 행동을 하리라 생각합니다. 그렇게 올바른 행위들이 쌓이고 쌓이면 나중에는 어떤 불합리한 상황을 만나도 두렵지 않겠지요. 저는 이 책을 통해서 어쩌다 단 한 번 도덕적인 행동을 했다고 해서 도덕적인 사람이 될 수 없다는 것을 알게 되었습니다. 일상을 통해 꾸준히 옳은 행동을 하려고 노력할 때 도덕적인 사람, 올바른 사람에 가까워진다는 사실을 깨닫게 되었습니다.

이 책에는 우리의 도덕적인 행동을 도와줄 8가지 원칙이 나옵니다. 댄 바커

아저씨가 제시하는 8가지 원칙은 삶의 소중한 가치를 담고 있습니다. '생명은 소중하다'는 원칙은 너무 당연한 듯 보이지만 우리는 그 원칙이 어떤 상황에서 어떤 행동으로 이어져야 하는지 잘 모를 때가 많습니다. 또한 이 책에 등장하는 고양이 플러피의 이야기처럼 원칙을 그대로 적용할 수 없는 갈등 상황에도 부딪칩니다. 원칙을 아는 것은 어렵지 않지만 원칙을 적용하고, 선택하는 일은 어려운 일입니다. 아는 것과 실천하는 것은 다르다는 말이 이해되는 순간이었습니다.

  우리의 생각이 행동을 만들고, 행동에 대한 스스로의 평가는 다시 새로운 생각과 원칙 그리고 이론을 만들게 합니다. 원칙은 자체로 소중한 삶의 가치이지만, 이 책에서 제시하는 8가지 삶의 원칙은 달달달 외우고 따라하는 것이 아니라 삶의 순간마다 적용해보고 선택해 보는 훈련이 필요합니다. 그래서 이 책은 마지막장을 덮고 난 뒤에야 비로소 독서가 시작되는 특별한 책입니다. 출간을 앞둔 지금도, 이 책은 저에게 처음처럼 다가오고 있습니다. 독자 여러분도 마지막 장을 덮게 될 쯤 저와 같은 느낌을 가졌으면 좋겠습니다.
  감사합니다.

2014년 2월
이 윤

언제나 바르게 행동하려고 노력했고
자녀들에게 삶을 즐기라고 가르친
퍼트리샤 루스 바커에게
이 책을 바칩니다.

안드레아입니다.

마음씨가 곱고 생각이 깊은 친구죠.

요즘은 옳음과 그름의 차이를 배우고 있습니다.

안드레아는 사람보다 소중한 것은

없다고 배웠습니다.

안드레아는 일부러 누군가를 괴롭히거나 다치게 할 친구는 아니지요.

하지만 뜻하지 않은 사고도 종종 벌어집니다.

그럴 때는 누가 잘못했는지 따지기보다는 미안함을 느끼고

다친 곳은 없는지 묻습니다.

안드레아는 아프거나 다친 사람을

못 본 척 넘어가지 않습니다.

안드레아는 자신의 행동이 다른 사람에게 해를 끼치는지
도움을 주는지 먼저 생각해 본 뒤에
어떻게 행동하는 게 옳은지 결정합니다.
여러분에게도 경험이 있습니다. 누군가 시비를 걸거나
싸움을 걸어왔을 때, 어떻게 했나요?

안드레아는 싸움의 결과를 생각해 봅니다.
싸우면 코피가 나거나 멍이 들거나 살갗이 찢어질지도 모릅니다.
기분이 풀리기는커녕 콧김을 씩씩거리며 분을 삭이지 못할 것이고
어쩌면 평생토록 미워하는 사이가 될 수도 있지요.
아무것도 나아지는 게 없다고 판단한 안드레아는
이런 싸움은 옳지 않다고 생각합니다.
그렇다면 어떻게 행동해야 할까요? 이 경우 가장 용감하고
가장 좋은 행동은 싸움을 피하는 것입니다.

어떤 사람들은 어떻게 행동해야 할지 결정할 때
생각 대신 규칙을 따릅니다.
규칙은 항상 지키도록 되어 있는 명령 같은 것입니다.
명령이 떨어지면 이유를 묻지 않고 복종해야 하듯이
규칙 역시 '왜?'라는 질문을 거부하고
무조건 따를 것을 요구합니다.

반면 안드레아는 무엇이 옳고 그른지 결정하기 위해 원칙을 이용합니다.

원칙은 명령이 아니라 하나의 생각입니다.

원칙은 규칙과 달라서 우리에게 이래라 저래라

명령을 내리지 않습니다.

대신 원칙은 우리가 생각을 전개하거나 결론을 내리는 데

큰 도움을 줍니다.

규칙은 깨뜨리면 안 됩니다.
그러나 원칙은 깨뜨릴 수 있습니다.
더 중요한 원칙이 나타나면 말이죠.

어느 이른 아침, 안드레아의 고양이가 차에 치여 크게 다쳤습니다.
안드레아는 힘든 결정을 내려야 했습니다.

안드레아는 '생명체를 고통 받게 해서는 안 된다'는 원칙과 '생명체를 죽여서는 안 된다'는 원칙 사이에서 갈등합니다. 두 가지 원칙을 모두 만족시킬 만한 답이 있다면 좋겠지만 이 경우에는 하나를 포기할 수밖에 없기 때문이지요.

하나의 원칙은 생명을 빼앗으면 안 된다고 말합니다.
또 다른 원칙은 고통을 덜어주도록 도와야 한다고 말합니다.
둘 다 좋은 원칙입니다.
그러나 둘째 원칙을 따르기 위해서는
첫째 원칙을 어겨야 합니다.
마찬가지로 첫째 원칙을 따르기 위해서는
둘째 원칙을 어겨야 합니다.
여러분이라면 어떻게 하겠습니까?

이럴 때는 서둘러 결정을 내리기 전에 내가 알고 있는 사실들이 정확한지, 빠진 건 없는지, 다른 방법은 없는지 다시 한 번 확인하는 것이 최선입니다.

만족할 만한 해답을 찾을 수 없기 때문에 대부분의 사람들은
불편한 마음으로 최종 결정을 내리게 됩니다.
플러피의 경우, 살아날 가망이 없기 때문에 고통 없는 곳으로
보내주는 게 지금으로서는 최선의 판단이 될 수 있습니다.

혹시 여러분은 이럴 때 어떻게 행동해야 하는지 정해진 답이
있다고 생각하나요? 그런 정답이나 규칙은 세상에 없습니다.
그래서 안드레아는 스스로 생각해야 했습니다.
어떤 원칙이 가장 중요한지 결정해야 했고,
결정을 내리기 전에 모든 사실을 확인해야 했습니다.
알고 있는 사실이 정확하지 않거나 새로운 사실을 발견하게 되면
결정이 달라질 수도 있기 때문이지요.

원칙은 규칙보다 소중합니다. 규칙을 지킬 때는 그게 맞는지 틀린지 고민할 필요가 없습니다. 그냥 시키는 대로 복종하면 되지요. 하지만 원칙은 무작정 따르는 게 아니라 '생각'이라는 과정을 거쳐야 합니다.
규칙은 부모님이나 선생님, 직장이나 군대 상사, 왕 또는 정부처럼 어느 집단을 이끄는 사람들이 만든 것으로, 구성원들에게 지키도록 요구하는 명령 같은 것입니다. 국가에서 만든 규칙을 법이라고 하고, 종교가 만든 규칙을 계율이라고 부릅니다.

어떤 사람은 신의 존재를 믿습니다. 물론 믿지 않는 사람들도 있지요. 그런데 신을 믿는 사람들조차도 신의 말이라고 해서 무조건 따르는 것이 아니라 생각의 과정을 거쳐 어떤 행동이 옳은지 판단해야 합니다. 신을 기쁘게 하는 것이 목적이 아니라 사람에게 어떤 결과를 가져올지 먼저 생각해야 하는 것이죠.

사람은 자연의 일부입니다.

우리는 자연보다 우월하지 않습니다.

사람은 매우 특별하지만 자연의 수많은 동물 가운데

하나일 뿐입니다.

우리는 자연의 한 가족이기 때문에 사람뿐 아니라 자연의

모든 구성원을 존중해야 합니다.

자연은 사람 이외의 동물과, 우리가 살고 있는

이 세계를 모두 포함합니다.

우리의 행동 하나하나는 아주 중요합니다.
만약 훌륭하고, 건강하고, 행복한 삶을 살고 싶다면
우리는 행동 하나하나를 신중하게 선택해야 합니다.
우리가 선택한 행동 하나가 우리의 삶뿐 아니라 자연 전체에
영향을 미칠 수 있기 때문이지요.
이처럼 어떻게 행동할 것인지 신중히 결정하는 것을
우리는 도덕성이라고 부릅니다.
우리는 이 도덕성에 따라 옳고 그름, 좋고 나쁨,
혹은 상대적으로 더 좋은 것과 더 나쁜 것을 가리게 됩니다.

원칙에 따라 행동한다는 말은 가끔 우리가 원치 않는
일도 해야 한다는 뜻입니다.
하기 싫어도 하는 이유는 그렇게 행동하는 것이 옳다고
우리 스스로 판단했기 때문입니다.

규칙을 따르고 있다는 이유만으로
'내 행동은 옳다'고 여겨서는 안 됩니다.
규칙도 좋은 원칙에 토대를 두고 있을 때만
올바르다고 말할 수 있습니다.
세상에는 좋은 규칙과 법들이 많이 있습니다.
하지만 원칙으로 설명할 수 없다면
그 규칙은 나쁜 규칙이거나 필요 없는 규칙입니다.

그렇다면 세상에는 어떤 원칙들이 있을까요?
가장 중요한 원칙입니다.

'생명은 소중하다.'

우리는 절대로 살아 있는 생명체를 다치게 해서는 안 됩니다.

우리는 절대로 사람을 다치게 해서는 안 됩니다.

우리는 절대로 우리 자신을 다치게 해서는 안 됩니다.

어떤 사람들은 신이나 정부가 '죽여서는 안 된다'라고
명령을 내렸기 때문에 살인을 하면 안 된다고 생각합니다.
그러나 우리가 그들의 명령을 따라 살인하지 않는 것이라면
반대로 죽이라는 명령을 받았을 때는 어떻게 해야 할까요?
'성전(holy war)' 혹은 '종교전쟁'으로 불린 많은 전쟁에서
수많은 사람들이 전쟁터에 나가 칼을 휘둘렀습니다.
신이 그렇게 명령했다고 믿었기 때문입니다.
만일 진짜로 신이 그런 명령을 내렸다면
그 명령은 잘못된 것입니다.

가능하다면 우리는 고통에 빠진 사람들을 구하려고 노력해야 합니다.
혹시라도 우리가 누군가에게 상처를 줄 수밖에 없다면
가능한 한 아주 조금만 다치게 해야 합니다.
'생명은 소중하다'는 원칙을 중요하게 여기는 사람들은 싸움을
원하지 않지만 가끔 자신이나 누군가를 지키기 위해
싸워야 할 때도 있습니다.
만일 누군가와 꼭 싸울 수밖에 없다면
최대한 빠른 시간 안에 싸움을 멈추어야 합니다. 이 원칙을 중시하는
사람은 남을 고통에 빠뜨리는 일을 즐기지 않기 때문이지요.

둘째 원칙입니다.

'다른 사람의 권리를 존중하라.'

모든 사람을 사랑해야 하는 것은 아닙니다.

모든 사람을 좋아해야 하는 것은 아닙니다.

모든 사람을 존중해야 하는 것은 아닙니다.

그러나 우리는 사람이라면 누구나 가지고 있는 권리,

즉 인권을 존중해야 합니다.

존중받아야 할 사람의 권리에는 다음과 같은 것이 있습니다.

의식주의 권리

자신의 생각과 신념을 가질 권리

자신의 생각과 신념을 말할 권리

사생활 보호의 권리

자유로울 권리

설령 누군가 법을 어겼고, 그래서 우리가 그 사람을
붙잡았다고 해도, 그 사람의 권리까지 무시하면서
함부로 다루어서는 안 됩니다.

셋째 원칙입니다.

'모든 사람에게 공평하라.'

모든 사람에게 기회를 똑같이 주거나 각자에게 돌아갈 몫을 똑같이 나누는 것을 '공평하다'고 말합니다.
또한 나와 다르다는 이유로 남을 차별하지 않는 것을 '공평하다'고 말합니다.

공평하다는 말은 소년과 소녀가
똑같이 대우받아야 한다는 뜻입니다.
공평하다는 말은 남자와 여자가
똑같이 대우받아야 한다는 뜻입니다.

공평하다는 말은 피부색이 달라도
똑같이 대우받아야 한다는 뜻입니다.
공평하다는 말은 종교가 다른 사람도
똑같이 대우받아야 한다는 뜻입니다.

공평하다는 말은,

그가 다르게 생겼다는 이유로

작거나 뚱뚱하다는 이유로

어리거나 늙었다는 이유로

몸이 불편하다는 이유로

나라가 다르다는 이유로

가난하거나 혹은 부자라는 이유로

사람을 차별해서는 안 된다는 뜻입니다

예외는 있습니다. 법을 어기는 사람, 누군가를 때려서 상처를 입히는 사람이 있다면 그가 마음을 고쳐먹을 수 있도록, 혹은 또 다른 누군가에게 폭력을 휘두르지 못하도록 잠시 몇 가지 권리를 제한할 수 있습니다. 이때는 그게 공평한 것이죠.

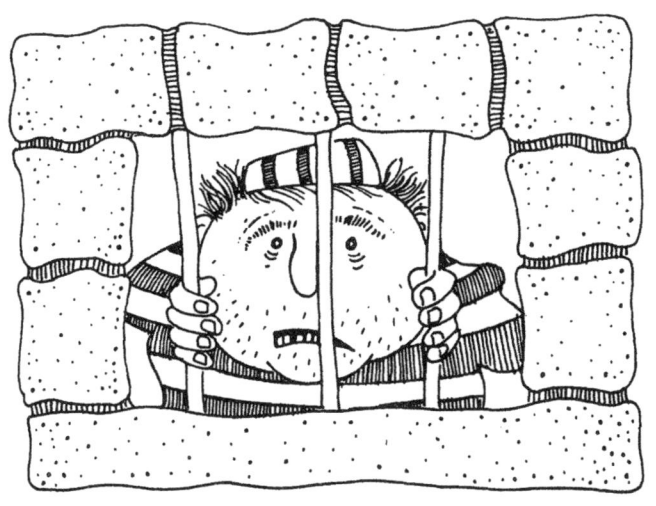

넷째 원칙입니다.

'항상 진실만을 말하려고 노력하라.'

나의 행동이 잘못인지 아닌지 알 수 있는
한 가지 방법이 있습니다.
'내가 한 일을 친구나 부모님에게 말할 수 있니?' 하고
스스로에게 물어보는 것이죠.
만약 '말 못해.' 하고 느꼈다면 아마 잘못일 가능성이 높습니다.
어떤 어른이 여러분에게
'아무에게도 말해선 안 된다'고 말했다면
그건 그 어른이 잘못을 저질렀다는 뜻일 수 있습니다.
예를 들어, 나보다 힘 센 사람이 싫다는 데도
내 몸을 만졌다면 그는 나의 권리를 무시한 것이죠.
남이 함부로 내 몸을 만지거나 구속하는 것은
내 몸에 대한 나의 권리를 존중하지 않는 것이고,
그래서 잘못이라고 할 수 있습니다.

물론 모든 비밀이 나쁜 것은 아닙니다. 사랑하는 가족을 위해 깜짝 파티를 준비하고 있다면 때가 되기 전까지는 비밀에 부쳐도 괜찮습니다. 왜냐하면 깜짝 파티를 준비한다고 누군가 다치는 것은 아니기 때문입니다.

또한 누군가 우리를 협박하거나 때리려고 한다면
굳이 솔직할 필요는 없습니다.
정직이란 좋은 원칙이지만 상황에 따라 깨뜨릴 수 있습니다.
좋은 예가 있습니다.

옆집 아줌마가 하얗게 질린 얼굴로 헐레벌떡 달려와서
안드레아네 집 현관문을 두드렸습니다. 남편이 살림을
때려 부수고 주먹을 휘두른다, 잠시 몸을 피할 수 있게
숨겨 달라는 얘기였습니다.
안드레아의 어머니는, 남편이 흥분을 가라앉힐
때까지 집에 있어도 좋다고 승낙했지요.
잠시 뒤 그 집 남편이 몽둥이를 들고 득달같이
달려와서 '내 마누라가 여기 있느냐'고 다그친다면
안드레아의 어머니는 어떻게 해야 할까요?
사실 그대로 말하는 게 좋을까요? 아니죠. 그건 좋은 답이 아닙니다.
가끔 우리는 정직이라는 원칙을 포기해도 좋습니다.
정직을 지켜야 한다고 고집을 부리다가 누군가가 다치거나
혹은 생명의 위협을 받는다면 곤란하니까요.
'생명은 소중하다'는 원칙은 '정직'이라는 원칙보다
더 중요합니다. 더 중요한 원칙을 깨뜨리면서까지
정직할 필요는 없다는 말입니다.

남을 속이는 것도 잘못입니다.
속인다는 말은 정직하지 않다는 뜻입니다.
남에게 해를 입히려는 속셈이 있는 것이죠.

다섯째 원칙입니다. 이건 아주 중요합니다.
'책임지려고 노력하라.'

책임이란 말은,
나의 일을 남에게 떠넘겨서는 안 된다는 뜻입니다.
내가 벌인 일은, 다른 누구도 아닌 내가 감당해야 합니다.
'그건 내가 할게.' 하고 말했다면 스스로 하세요.

약속을 했다면 약속을 지키세요.

누군가를 다치게 했다면, 사과하고 도와주세요.

물건을 깨뜨렸거나 망가뜨렸다면 고쳐주거나 대가를 지불하세요.

인생에 공짜란 없습니다.
책임을 소중히 여기는 사람들은 자신에게 주어진 일을
스스로 감당하려고 노력합니다.
삶의 중요한 것들을 기억하려고 노력합니다.
중요한 것을 잊어버렸다는 말은 책임감이 없다는 뜻입니다.
만약 잘못을 저질렀다면 잘못을 바로잡도록
노력해야 합니다.

여섯째 원칙입니다. 이 또한 중요합니다.
'다른 사람에게 친절하라.'

어떤 행동을 하기 전에 이렇게 한 번 스스로에게 물어보세요.

"나는 친절하게 행동하는 것일까?"

"사람들이 나의 행동에 고마워할까?"

"더 좋은 방법은 없을까?"

자기만 생각하는 사람들이 있습니다. 사람을 다치게 하는 것이 아니고,
또한 사람들을 공평하게 대할 수만 있다면
설령 이기적인 행동이라도 잘못은 아닙니다.
그러나 많은 사람들이 친절은 좋은 것이라고 생각합니다.
남을 돕고, 기쁨을 주는 것이 즐겁다고 말합니다.

친절을 베푸는 사람들 중에는 내가 친절해야 남도 나에게
친절을 베풀 것이라고 생각하는 사람이 있습니다.
이들은 '네가 대접받고 싶다면 먼저 남을 대접하라'고 말합니다.
이를 '황금 규칙(황금률)'이라고 하는데 나쁜 규칙은 아닙니다.
그러나 어떤 사람들은 남에게 칭찬을 받기 위해서나
보상을 얻기 위해서가 아니라
사람이 소중하다고 믿기 때문에 친절을 베풉니다.

일곱째 원칙입니다.

'늘 최선을 다하여 배움에 힘써라.'

지식은 지도와 같습니다. 만일 지도가 없으면
길을 찾기 어렵듯이, 지식이 없다면 생각은 안개에
싸인 채 길을 잃게 됩니다.
어떤 행동이 옳고 그른지 판단하기 전에,
우리는 그 행동이 가져올 수 있는 결과에 대해서
따져보아야 합니다.

어떤 행동은 누군가를 아프게 할 수도 있습니다.
어떤 행동은 누군가에게 도움의 손길이 될 수도 있습니다.
어떤 행동은 누군가를 다치게 하는 동시에
도움이 될 수도 있습니다. 마치 소독약이 상처에는 쓰리지만
치료를 돕는 경우나, 친구에게는 기쁨이 되지만 엄마에게는
아픔이 되는 경우처럼 말이지요.
우리가 어떤 일을 할 때마다, 그 일은 반드시 어떤 결과를 불러옵니다.
결과가 어떻게 될지 알지 못한다면
우리는 현명한 판단을 내릴 수 없게 됩니다.

그래서 학교는 중요합니다.

보고 읽고 들으면서 배우는 행위는 중요합니다.

더 많이 알수록 판단력은 점점 나아집니다.

여덟째 원칙입니다. 정말 재미있는 원칙이지요.

'인생을 즐겨라!'

지구에 사는 모든 사람에게는 인생을 즐길 권리가 있습니다.
싫든 좋든 우리의 삶은 딱 한 번뿐입니다.
따분하고 지루한 일로 시간을 허비하는 대신 여러분 자신과,
여러분이 관계를 맺고 살아가는 사람들을 위해
인생을 즐거운 시간으로 만들어야 합니다.

누군가 괴로워하고 슬퍼하는데 자기 혼자 하하 호호
즐거울 수 없다고 생각하는 사람들이 있습니다.
소매를 걷어붙이고 이웃의 아픔을 덜어주어
그들이 삶을 누릴 수 있도록 도움을 주려는 사람들입니다.

만약 나의 작은 행동 하나가 누군가의 행복한 삶을 방해하고 있다면

그 행동이 잘못된 것은 아닌지 생각해 보아야 합니다.

만일 나의 작은 행동 하나가 나의 행복한 삶을 방해하고 있다면

그 행동이 잘못된 것은 아닌지 생각해 보아야 합니다.

세상에는 즐길 거리가 참으로 많습니다.
놀이, 휴식, TV, 게임, 영화, 스포츠 그리고 이밖에도
재미있는 일이 수두룩합니다. 사람마다 얼굴이
모두 다르듯이 즐기는 일도 모두 다르죠.
어떤 사람은 교회나 사원에서 예배드리는 것을 즐깁니다.
반면 그렇지 않은 사람도 있지요. 각자가 즐기는 게 다를 수 있습니다.
그래서 '삶을 즐기라'는 원칙을 소중히 여기는 사람들은
내 가족이나 친구, 이웃이 각자의 방식으로 인생을 즐기도록
그들의 선택을 존중해야 한다는 말에 동의합니다.
세상에 똑같은 사람은 한 명도 없습니다. 우리는 모두 다르죠.
그러나 우리는 모두 인생을 즐길 수 있습니다.

만일 여러분이 지금까지 살펴본 여덟 가지 원칙을 잘 활용한다면,
무엇이 옳고 그른지 쉽게 판단할 수 있습니다.

생명은 소중하다.
다른 사람의 권리를 존중하라.
모든 사람에게 공평하라.
항상 진실만을 말하려고 노력하라.
책임지려고 노력하라.
다른 사람에게 친절하라.
늘 최선을 다하여 배움에 힘써라.
인생을 즐겨라!

어떤 게 올바른 행동인지 큰 고민 없이
쉽게 판단할 수 있는 경우도 있습니다.

그러나 규칙이나 원칙이 서로 부딪칠 때는
어떻게 행동하는 게 옳은지 헷갈리기도 하지요.

우리는 누군가를 돕기 위해 규칙을 어겨야 할 때도 있습니다.
만일 더 중요한 원칙이 있다면 규칙을 어기는 것은 잘못이 아닙니다.

가끔은 무엇이 옳은 행동인지 답을 찾기 어려울 때가 있습니다.
가끔은 어떤 선택도 올바르지 않을 때가 있습니다.
가끔은 두 개의 잘못된 행동 가운데 하나를 골라야 할 때가 있습니다.
그래서 선택을 포기하고 싶고, 자포자기의 심정에 빠질지도 모릅니다.
하지만 우리는 이 순간에도 더 나쁜 것 대신 덜 나쁜 것을 선택하여
최악의 선택을 피할 수 있습니다.

만약 조금이라도 덜 잘못된 행동을 골랐다면,
우리는 옳은 선택을 내린 것입니다.
만약 우리가 선택을 포기한다면 더 나쁜 결과로
이어질 수도 있기 때문이지요.

대부분의 경우, 무엇을 해야 하는지
아는 것은 어렵지 않습니다.
그러나 무엇을 해야 할지 판단하기 어려울 때,
우리는 원칙의 도움을 받을 수 있습니다.

안드레아처럼, 우리는 모두 곱고 바른 마음씨를 가졌습니다. 우리가 어떤 행동이 옳은지 그른지 결정하는 것을 도와줄 원칙들에 대해 생각할 때, 우리의 마음씨는 언제나 우리가 더 나은 원칙을 선택하고 더 나은 행동을 하도록 도와줄 것입니다.